Tarhunna kam zum Sonnenberg

—

Gedichte aus Hatti und Thüringen

von Malte Dadschun

Bibliographische Information der Deutschen Nationalbibliothek:
Die Deutsche Nationalbibliothek verzeichnet diese Publikation
in der Deutschen Nationalbibliographie; detaillierte bibliographische
Daten sind im Internet über http://dnb.dnb.de abrufbar.

© 2015 Malte Dadschun

Herstellung und Verlag:

BoD – Books on Demand, Norderstedt

ISBN: 978-3-734-79732-3

Inhaltsverzeichnis

Tarhunna kam zum Sonnenberg..8

Potzblitz!..9

Tarhunna und Ištanu...10

Aha! Oder: Worum es hier geht..11

Brief aus Neša...13

Der Herr des Eisenthrons..14

Versunkene Stadt..15

Telipinus Erlass...16

Muršili II...18

Eisengedicht..20

Seelenlose Rituale...21

Kreta..22

Arkadien..24

Historia Antarctica..25

In Thüringen muss mehr noch sein!..26

Der Reichstag zu Rohr..28

Greiz..30

Bronze...31

Sömmerdaer Stadthymne..32

Unstrutwellen..33

Lied der Thüringer in Sachsen-Anhalt......................................34

Mariša – nach einer Geschichte aus dem Kaiserreich..............35

Am Kyffhäuserberge	36
Ebert in Schwarzburg	37
Germania	38
Bekannte aus Gera	39
Heil dir im Rotkrautkranz	40
Palaische Gesänge	42
Gebet an Ištanu	43
Völkerschlacht bei Leipzig	44
Trauerklage eines Meeseniers	45
Wer singen will aus freier Kehle	46
Atheistenlied	47
Elb- und Oderland	49
Morengedicht	50
Oh Coburg, mein Coburg	51
Musengedicht	52
Hinweise	53
Gedichte aus Hatti	53
In Thüringen muss mehr noch sein!	56
Der Reichstag zu Rohr	57
Von Sömmerda bis Greiz	59
Mariša – nach einer Geschichte aus dem Kaiserreich	60
Germania	61
Heil dir im Rotkrautkranz	62
Elb- und Oderland	63

Morengedicht..63
Oh Coburg, mein Coburg..64

Tarhunna kam zum Sonnenberg

Tarhunna kam zum Sonnenberg
Ištanu einzufassen.
Hier konnt' er ihren hellen Schein
im roten Wasser fangen
und gab aus grünen Wangen
zu ihrer Freude noch hinein
in heißerglüte Massen
manch schillerndes Intarsienwerk.

Potzblitz!

„Potzblitz," werden Sie sich als Thüringer denken. „Was war denn das für ein Gedicht? Tarhunna kam zum Sonnenberg? Also den einen Teil verstehe ich ja. Der Sonnenberg, das muss unser Sonneberg sein. Und das rote Wasser, das ist gewiss der Röthen, der diese Spielzeugstadt durchfließt. Ja, die grünen Wangen noch, mit Sicherheit sind das die bewaldeten Berge, die Sonneberg umkränzen. Aber Tarhunna und Ištanu? Ich habe noch einmal nachgesehen, meinen kompletten thüringischen Sagenschatz von Ludwig Bechstein bis Rainer Hohberg von der ersten bis zur letzten Seite – nichts! Und auch die Abstecher zu den Gebrüdern Grimm und Gustav Schwab haben mich keinen Schritt weitergebracht. Es ist zum Verzweifeln!"

Aber nicht doch, lieber Leser. Ganz im Gegenteil: Wenn Sie so weit gedacht haben, dann schenke ich Ihnen meine Hochachtung. Denn das Wichtigste haben Sie ja bereits erkannt, wenn auch vermutlich nur unbewusst: Die Gedichte in diesem kleinen Buch speisen sich nicht aus den üblichen Quellen der Dichtung. Sie folgen anderen, unbekannteren Spuren, die aber nicht minder anregend sind.

„Und was bringt mir das dann," werden Sie mich fragen. „Was soll ich mit Gedichten, die ich nicht verstehen kann?!" Nun, dabei wollen wir es nicht belassen. Ich bitte Sie noch um ein Gedicht Geduld, dann wird sich schon manches klären.

Tarhunna und Ištanu

An Broten sind wir Nešer reich,
an Göttern noch viel mehr.
Was andern ist ein Pantheon,
das ist bei uns ein Heer.

Wir meinen, dass es tausend sind,
doch niemand kann sie zählen.
Und so bestimmten wir dereinst
die höchsten auszuwählen.

Wir dachten lang und wählten schlau
das Wetter und die Sonne,
denn erstes bringt den Morgentau,
die zweite Sommerwonne.

Der Fluss nur durch den Regen fließt,
der Wind nur schmilzt das Eisen.
Das Korn nur durch das Wasser sprießt,
die Sonne lädt zum Reisen.

So hält ein Gott zu jeder Zeit
für uns am Himmel Wacht
und fürchten wir auch nur allein
die sternenklare Nacht.

Doch dann ist jenes Götterpaar
auch mal für sich allein.
Und was sie schaffen unsichtbar,
soll ihr Geheimnis sein.

Aha! Oder: Worum es hier geht.

„Ah, jetzt verstehe ich es! Tarhunna ist der Wettergott und Ištanu die Sonnengöttin dieser Nešer. Aber wer sind denn nun diese Nešer, und was machen deren Gottheiten im Thüringer Wald?"

Nun, mit den Nešern ist es so wie mit dem Beutelwolf. – „Mit dem was?" – Wird der Name genannt, so wissen die Wenigsten im Raum etwas damit anzufangen, und wenn, dann sind es nur ganz schwache Erinnerungen, die nicht eingeordnet werden können. Ein jeder wird jedoch feststellen, dass die ganze Szenerie von dem Leuchten eines einzelnen Augenpaares überstrahlt wird, den Augen jener Person, die mit dem Begriff etwas anfangen kann.

Wer genau sind nun die Nešer? Im Grunde sind sie Ihnen schon einmal begegnet. War im Titel dieses Buches nicht auch von einem Land Hatti die Rede? Genau dessen Einwohner haben sich als Nešer bezeichnet, obwohl sie heute fast immer Hethiter genannt werden.

„Und was haben die nun mit Thüringen zu tun?"

Auf den ersten Blick, das gebe ich zu, wenig. Die Hethiter lebten vor über 3000 Jahren in Zentralanatolien, Thüringen dagegen ist das Land an Unstrut, Werra, Saale und Pleiße. Was sie verbindet ist das schon erwähnte Strahlen in den Augen. Die meisten Menschen kennen Thüringen wie Hatti, wenn überhaupt, dann nur vom Hören. Diejenigen aber, die sie selbst gesehen und kennen gelernt haben, lässt der Gedanke an diese beiden Länder die Augen erstrahlen. Es ist genau dieser Umstand, dass Thüringen wie Hatti unbekannte Perlen sind, der es erlaubt, sie in einem kleinen Gedichtband zu vereinen. So, wie es ja auch im ersten Gedicht Tarhunna tut, wenn er den Schein der hethitischen Sonnengöttin mit der Röte eines thüringischen Flusses vereint.

„Heißt das, es wird kompliziert?"

Nun ja, teilweise schon. Aber ich kann Sie beruhigen: Im hinteren Teil des Buches wurden Hinweise angebracht, die Ihnen die Interpretation und das Verstehen einiger Gedichte erleichtern soll. Alles werden Sie dort aber nicht finden! Als Verfasser dieser kleinen

Werke sehe ich es aber als Ihre Pflicht als Leser an, sich weiter mit den hier aufgegriffenen Themen zu beschäftigen. Das gilt nicht nur für die Hethitergedichte, die vornehmlich dazu dienen, Sie an die Geschichte dieses Volkes heranzuführen, oder aber beim Lernen dieser Historie helfen sollen. Es gilt auch für die anderen Gedichte, die im Übrigen geordnet sind, aber nicht streng nach den Ländern Thüringen und Hatti. Wie schon im einleitenden „Tarhunna kam zum Sonnenberg" angedeutet, sind beide Themen wie Kupfer und Zinn beim Herstellen der Bronze vereint worden. Dabei wurde, wie Ihnen sicher auffallen wird, noch „manch schillerndes Intarsienwerk" mit vermengt. Wenn es dennoch gelang, „Ištanu einzufassen", so wäre diese Entscheidung von Erfolg gekrönt.

Brief aus Neša

Wie geht es dir, mein Augenstern,
der du am Tigris bliebst?
Es bangt mir, bin ich dir so fern,
dass du mir noch nicht schriebst.

Mir geht es gut, dass lass dir sagen,
bin gestern angekommen,
nachdem auf wochenlangem Plagen
ich nichts von dir vernommen.

Hier blüht die Welt, du solltest's sehen:
Das Leben treibt im Weine!
Die Frauen hier sind gleich den Feen,
doch bleibe ich alleine.

Ja, Neša macht den Kopf verrückt,
ist ein besond'rer Ort.
Doch bleibt etwas in mir bedrückt,
ist fern von mir dein Wort.

Der Herr des Eisenthrons

"Sagt mir, wer herrscht in fernem Land auf einem eher'n Thron?"
"Es ist der Großkönig von Neša, des Pithana Sohn."
"Und wie erwarb er einen Thron von solch hochedlem Erz?"
"Dies gelang ihm freilich nur durch tausendfachen Schmerz.

Wie er nach Zalpa kam, der Götterstadt am Schwarzen Meer,
da war schon rot der Marassanta, rot vom Blut der Wehr."
"Doch war er nicht versöhnlich gegen jeden, der dort wohnt?"
"Was heißt: Nachdem der Sohn im Grab, hat er den Greis verschont."

"Und wie erging es Hattuša, das treu zu Zalpa hielt?"
"Ich sage nur, ein Dieb bleibt Dieb, egal, was er auch stiehlt.
Und Hattusa, das ward zu Asche und zu Staub gebrannt,
verflucht und die Bevölkerung auf Ewigkeit verbannt."

"So sagt nicht, dass auf Mord und Raub sich gründet seine Macht!"
"Der Schein verbrannter Städte nur erhellt die dunkle Nacht.
Der Herr von Purushanda übergab ihm Stab und Thron,
bewahrte so sein kleines Land vor schwerer Kriegesfron."

Versunkene Stadt

Ein Feld voller Steine -
vergessen im weiten Land.
Dazwischen vielleicht Gebeine -
doch meist schon verfallen im Sand.

Einst große, prächtige Gebäude -
jetzt nur noch Steine vom Grund.
Die Hütten der menschlichen Meute -
verloren zur heutigen Stund`.

Ein Platz, gebaut von allen -
heute von Blumen bedeckt.
Das Leben der Menschen verfallen -
die Erinnerung im Boden versteckt.

Telipinus Erlass

Mit Blut getränkt ist unser Thron,
Blut auf kaltem Eisen.
Es ist ein Witz der Schalken schon,
er könnte einst vergreisen.

Kaum sitzt auf ihm ein neuer Herr,
da regt sich schon die Klinge,
damit erneut und ohne Ehr'
ein Königsmord gelinge.

Es fragt das Land: Wofür das Leid,
wer muss es denn bezahlen?
Das Land! Das Volk! von Zeit zu Zeit
mit tausendfachen Qualen!

Wie stark war doch das Hattiland,
selbst Bab-ilu erbebte,
als noch vereint mit Herz und Hand
die Königssippe strebte?

Sie strebte nach des Landes Glück,
nach vollen Vorratshallen!
Verloren ging es Stück um Stück,
schon längst ist abgefallen

von uns so mancher Nachbarstaat,
als wir vor Hungersnöten
kaum Korn mehr hatten für die Saat,
bestraft für dieses Töten.

D'rum ruf' heut' ich, Telipinu,
der Frau und Sohn verloren
durch feigen Mord, dem Adel zu:
Das Recht ward neu erkoren!

Es haben fortan auf den Thron
das Recht in dieser Reihe:
Erst Sohn, dann Neff', dann Schwiegersohn
tragt an die hohe Weihe.

Doch bricht ein jemand dieses Recht
und tötet den, der thronet,
so bleiben fortan Frau und Knecht,
sein ganzes Haus verschonet

von jedem Urteil, das ihr fällt,
denn in des Pankus Hände
leg' ich das Wohl von uns'rer Welt,
dass alles Leiden ende.

Verboten sei die Sippenhaft!
Darüber haltet Wache!
Damit nicht noch die letzte Kraft
uns raubt des Blutes Rache!

Muršili II.

Sagt: Kann ein Krüppel König sein?
Kann's einer, der vom Blitz geschlagen
beim Spiele zwischen Felsgestein
in nun so fernen Kindertagen?

Kann's einer, dem das Wort gebricht?
Was nützen denn die rechten Weisen,
wenn mein Mund sie kann formen nicht,
nur stotternd wie bei alten Greisen?

Man meinte wohl, ich könnt' es nicht,
als ihr zur Sonne mich erkoren.
Vor eurem eig'nen Angesicht
ging Land um Land für uns verloren.

Doch wird mein Herz nicht nur betrübt
vom langen Krieg an allen Grenzen,
vielmehr durch das Gericht, geübt
von euch seit nunmehr zwanzig Lenzen.

Seit zwei Jahrzehnten lasst ihr schon
die Pest in meinem Lande wüten.
Vom ersten Tag auf diesem Thron
an will mein Volk ich machlos hüten.

Was zürnt ihr mir, wo liegt die Schuld?
Liest ihr vom Vater sie mich erben?
Ihr gabt ihm erst die größte Huld'
um uns dann schmählich zu verderben!

Fürwahr! Mein eig'ner Vater ließ
den Bruder selbst vom Throne stürzen -
nachdem er ihn ihm Eide pries! -
und sich das Leben so verkürzen.

Und auch noch meinen Bruder habt
ihr allzu früh ins Grab geleitet.
Ein jeder, der daran gelabt,
ward schon vom Totengott begleitet.

Doch weiter noch? Wozu? Warum?
Wer soll euch edle Opfer geben,
wenn alle Lippen bleiben stumm,
die trägen Leiber ohne Leben?

Schon liegt auch meine Frau im Bett,
der Tod daneben schmiedet Ränke.
Wir geben euch auch quod libet
und stets die wertvollsten Geschenke,

erhört ihr gnädig meinen Schwur.
Lasst diese böse Seuche enden!
Und sei's euch Göttern einzig nur,
dass wir euch stetig Opfer spenden.

Eisengedicht

Ein Lied macht rasch sich auf die Reise:
„Wacht auf, es ist die beste Zeit!
Der Wind weht in der rechten Weise,
erhört den Ruf, macht euch bereit!

Legt ab den Pflug, verlasst die Felder,
wer kann, der ziehe in den Berg!
Ergreift die Axt, zieht in die Wälder,
auf, macht euch an das edle Werk!

Zieht los und bleibt nicht auf den Höfen,
schlagt Stein auf Holz und Stein auf Erz!
Wer schafft die Güter zu den Öfen
vergisst hier alles Leid und Schmerz.

Erblickt du erst das edle Feuer,
die Macht, die Erz zu Eisen schmilzt,
sei die der Zauber lieb und teuer,
an dem du deine Sehnsucht stillst.

Das Feuer ist gleich Götterworten,
das Eisen gibt dem Lande Kraft.
Labarna öffnet es die Pforten,
durch die er uns den Frieden schafft."

Seelenlose Rituale

Seelenlose Rituale,
deren man zum Spiel nur frönt,
sind gleich einem Rittersaale,
der kein Fürstenhaupt mehr krönt.

Kreta

Darf ich von Zakros dir erzählen,
der ihre Eigenheit Wahrenden,
im Osten,
verbunden mit der Welt über den Hafen
am wachpostenbestückten Rennweg?

Darf ich dir von Phaistós erzählen,
der dereinst Verlandeten,
im Süden,
jenseits der Ida ein eigenes Tal,
Heimstatt der Gestrandeten?

Darf ich dir von Knossós erzählen,
der herrlich Leuchtenden,
im Norden,
Stätte der großen Paläste,
ein geheimnisvolles Labyrinth?

Darf ich von Kreta dir erzählen,
wo Berge, die Götter gebaren,
von den längsten Schluchten durchzogen
hoch über das Meer hinaus ragen?
Ein weißer Koloss in den Weiten der See,
nicht reich von Natur her,
doch Herz allen Handels,
der, menschengemacht,
Länder verbindet über das Meer,
das Trennende.
Die Wasser umspielen die Berge,
ein schmaler Strand nur liegt dazwischen
aus den Schalen verendeter Krebse.
Leuchtende Hoffnung der Reisenden,

wenn das brodelnde Wasser
sie irrfahrend lässt.

Ein geschliffener Diamant,
gefasst von der saphirblauen See.

Arkadien

Rauh weht der Wind um Bergesspitzen,
bestreichend steinbesäte Hänge.
Und zwischen fürchterlichen Blitzen
der Hirten einsame Gesänge
ertönen in den fins'tren Nächten.

Kein Korn gedeiht auf diesem Grunde,
kaum schenkt er dürrem Gras das Leben.
Die Armut ist zu jeder Stunde -
und mag man auch nach Gutem streben -
des Menschen treuester Geselle.

Gefurcht sind einzig die Gesichter
vom scharfen Wind an hies'gen Orten.
Ein Schelm, ein Schalk war wohl der Dichter,
der einst mit unwissenden Worten
dies' Land zum Paradies verklärte.

Historia Antarctica

Die Geschichte der Antarktis ist ein weißes Laken,
flockenweise
vom Schnee der Zeit gewebt.
Er zerrinnt nicht zwischen den Fingern
wie der Sand,
im Wasser getragen
von der Quelle bis zum Weltenmeer.
Der Schnee verändert die Landschaft,
stetig, aufgewirbelt, verweht vom Winde
einer unbekannten Physik.
In eigener Sprache wird sie bewahrt, der Antarktis Geschichte,
geschrieben nicht, gesungen nur
in einem einzigen Laut,
abgeleitet vom gefrierenden Holz
gescheiterter Schiffe,
den einzigen Gästen ihrer Gestade.

In Thüringen muss mehr noch sein!

Wird dir von Thüringen erzählt,
ein Name deine Seele quält,
ein kurzes Wörtchen nur: Der „Faust",
vor dem's dir seit der Jugend graust,
weil er die Schulzeit dir verdarb.
War's Weimar nicht, wo Goethe starb?
Hat dich die „Bürgschaft" je verzückt?
Hast du vor ihr dich nicht gedrückt?

Und dennoch: Achte dieses Land!
Vergiss nicht: Auch schon Johann fand
im tiefsten Walde seine Ruh',
ging's ihm zu bunt in Weimar zu.
Und Friedrich ging nach Rudolstadt,
weil Jena so viel Schiller hat.
Da klingt's ganz nebenbei schon an,
was beide schlug in seinen Bann:

Es ist der Berge grünes Tal,
auch mancher Burgen Rittersaal,
den statt des Kaisers Griesegram
beherrschten Zwerge unbeugsam.
Der Faust ist hier zwar heimisch nicht,
doch eine Frau in Herrscherpflicht
hat, als Don Alba zog durch's Land
- in Schillers Worten wohlbekannt -
in Krieges Not ihr Volk bewacht.
Wo noch in bitterkalter Nacht
im rauhgereiften, grünen Wald
der schweißgeglühte Hammer hallt,
nur dort umschwirren dich die Feen
der allberauschenden Ideen,
nur dort gewinnst du jene Kraft,
mit der man alle Dinge schafft.

Denn was mein Land an Gaben schenkt,
hat Dichtung einst zur Kunst vermengt
und zeichnete den Meisterschein:
In Thüringen muss mehr noch sein!

Der Reichstag zu Rohr
Melodie: „Prinz Eugen, der edle Ritter"

Zwischen hohen, schwarzen Bergen
und dem gelben Ostseestrande
liegt ein Band aus roten Städt'.
Dieses Band, das sie verbindet
und auf dem sich Deutschland gründet
ist die teutsche Libertät.

Dass er wird die Treue halten,
wenn er darf frei schalten, walten,
war's was Herzog Heinrich schwor
als das Kind er wiederbrachte,
dessen Recht er fortan achte,
auf dem Hoftage zu Rohr.

Und es schwor'n die Kaiserinnen,
er soll einem König gleichen
fern in seinem eig'nen Land,
hielt er nur dem Bund die Treue,
zeige wahre, echte Reue,
handle stets mit Herz und Hand.

Folgend ward zu Rohr begründet,
dass ein jedes Land verbündet,
ist es Teil von Deutschland, sei.
Und fernab von Bundespflichten
darf es walten, darf es richten,
sei es alle Zeiten frei.

Zwischen hohen, schwarzen Bergen
und dem gelben Ostseestrande
liegt ein Band aus roten Städt'.
Dieses Band, das sie verbindet
und auf dem sich Deutschland gründet
ist die teutsche Libertät.

Greiz

Greiz zeigt Reichtum, überladen,
stößt das Alte in sein Grab,
Häuser dabei die Fassaden
auf den Pflasterstein hinab.

Offen steht den Hausgesichtern
zukunftsreich das Firmament,
weil von hellen Straßenlichtern
sie kein Fensterglas mehr trennt.

Überhaupt liegt Greiz geborgen,
will des Tales Perle sein.
Über nackter Häuser Sorgen
strahlt der Zierfassaden Schein.

Morgennebel schaurig quillen,
dass die halbe Gasse friert.
Doch bleibt Hoffnung, dass im Stillen
Greiz sich wieder neu gebiert.

Bronze

Die Bronze ist als edler Stoff
ein güldenes Gewand,
das erstmals aus dem Feuer troff
gewebt von Menschenhand.

Denn dieser hat ein hohes Gut,
das wie der Brand erscheint,
erst in der hauchentfachten Glut
mit rarem Mond vereint,

wodurch die Sonne neu entstand,
zum zweiten Gold erstarrt,
das mehr noch als der reine Tand
ihm stets von Nutzen ward.

Sömmerdaer Stadthymne
Melodie: „Wenn in stiller Stunde"/„Freiheit, die ich meine"

Sanft im weiten Tale, nah der Thüringer Pfort',
blüht, was einst entsprossen einem Bronzehort.
Wo die stolze Unstrut scharf nach Norden biegt,
ist es wo die Perle meiner Sehnsucht liegt.

An der roten Ader, die zum Herzen führt,
die seit langen Jahren seinen Puls verspürt,
öffnen deine Tore, gründend alten Bund,
sich zum Heimatlande und dem Erdenrund.

Nicht verfall'ne Burgen sind dir höchste Zier,
kleiner Bürger Streben, schuf die Schönheit hier,
bis auf deinem Grunde, reich an Ton und Waid,
wirkten große Geister, führend ihrer Zeit.

Noch ist nicht verflogen schwarzer Schlote Rauch,
noch ist nicht vergangen Salzmanns geist'ger Hauch.
Sömmerda, oh blühe, blühe alle Zeit!
Sömmerda, die Zukunft ist dir wohl geweiht.

Unstrutwellen

Ein Fluss strömt sanft den Berg hinauf
auf Wellen unscheinbar,
doch stellt in seinem ganzen Lauf
er selbst die größte dar.

Denn erst durchströmt er flaches Land,
danach ein tiefes Tal,
dereinst geschürft von eig'ner Hand,
und endet in der Saal'.

Lied der Thüringer in Sachsen-Anhalt
Melodie: „El Gran Carlemany"

Als ein Kaiser dereinst in sein Grab 'nein sank
hoch auf einer Sachsenpfalz,
da erfüllte das Volk allergrößter Dank
und im tiefen Tale schallt's:

Fließ' dahin, du holder Unstrutfluss
an dem einst meine Wiege stand,
rausche stolz durch ein Tal voll Hochgenuss,
durch mein Thüringer Burgenland!

Sie strömt durch ein erhaben Rebenfeld,
wo die güldene Sonne scheint!
Und unter dem bronzenen Himmelszelt
Mit der Saale sich vereint!

Und sie hörten es bis an die Gonna ran,
dass der Herr gestorben sei.
Tief im Herzen, da hoffte ein jedermann,
dass das Land auch werde frei!

Fließ' dahin, du holder Unstrutfluss
an dem einst meine Wiege stand,
rausche stolz durch ein Tal voll Hochgenuss,
durch mein Thüringer Burgenland!

Sie strömt durch ein erhaben Rebenfeld,
wo die güldene Sonne scheint!
Und unter dem bronzenen Himmelszelt
Mit der Saale sich vereint!

Mariša – nach einer Geschichte aus dem Kaiserreich

Auf einem Bahnhofe in Österreich,
der Führer ermahnt die Slowaken, sogleich
den Zug für den Anschluss zu nehmen.
Zum Laben am Brunnen sei keine Zeit,
der Zug hält sich nur für Minuten bereit,
ist keiner der edlen, bequemen,
in denen drittklassisch der Bauer verreist,
nachdem er am Bahnhof noch Brote gespeist;
sie fahren in eigenen Wagen.
Die werden – dann aber raffiniert! –
wenn, nur für Wähler ausstaffiert,
wird dieser zur Urne getragen,
sind sonst aber eng wie ein Sklavenschiff,
auf dessen Wege vielleicht noch ein Riff
die Wellen der Freiheit umbrausen.

Treblinka nicht, nicht Sachsenhausen,
namenlos bleibt jenes Gut,
auf dem im Schweiß der Sommersglut
sie nun für Wochen leben.
Saisonarbeiter eben.

Am Kyffhäuserberge

Am Kyffhäuserberge hält feste Wacht
ein Kaiser hoch zu Ross, in edler Pracht,
mit festem Blick und Militärgewand.

Doch schrieb nicht einst die freie Preußenhand,
dass nicht das Ross die hohe Herrschaft stützt,
ihr nur des freien Mannes Liebe nützt?

Gewunden wird nur dem der Siegerkranz,
der stetig in des Lebens wildem Tanz
auch viel vom großen Volke um sich schart.

Wer kommt, denkt daher an den roten Bart,
den Herrn, vom dem die alte Sage geht,
dass einst für's Volk er wieder aufersteht.

Ebert in Schwarzburg

Zur Kur im Tal der Schwarza weilend,
dem Heim des ältesten Geschlechts,
hält er den Text des neuen Rechts
in Händen, noch am Namen feilend:
Soll es das neue Deutschland sein?

Er hebt den Blick hinauf zum Schlosse
und ihn verblüfft das große Werk:
Der Zeiten Ries', der Staaten Zwerg,
Bestehen statt der Kaiser Rosse.
Soll es das gute Deutschland sein?

Noch einmal lässt er es sich munden -
weiße Schlagsahne mit Erdbeereis,
eine wahrhaft thüringische Speis' -
greift dann den Stift, um zu bekunden:
Baut ihr auf diesen festen Stein,
soll es das beste Deutschland sein!

Germania

Nach Buchenwald, dem Leidensberg,
bin gestern ich gegangen,
um über deutsches Schreckenswerk
Gewissheit zu erlangen.

Da sah auf einem Steine ich
ein hübsches Fräulein sitzen.
Ihr Händchen, zart und wunderlich,
bespielte Mauerritzen.

Sie blickte stramm ins Morgenlicht,
wandt' mir den Rücken zu.
Nicht konnt' ich sehen das Gesicht.
Und doch: mit großer Ruh'

erfüllte sie die frische Luft.
Zu ihren Füßen lagen Nelken.
Des Frühlings erster, süßer Duft
ist noch des Herbstes letztes Welken.

Schon flog ein Vogel auf ihr Haupt,
ein andrer sank zu ihren Füßen.
Die Vögel waren bunt belaubt
und ließen neue Eichen sprießen.

Bekannte aus Gera

Ich hatte einst eine Bekannte
mit langem, gekräuseltem Haar.
Wir sprachen zuweil'n von dem Lande,
das dereinst uns beide gebar.

In ihr floss zum Teil nur die Elster,
der andere war immigriert.
Der Ruß, der die Stadt einst bedeckte,
war nun ihrer Haut imprägniert.

Es zog sie weiter zum Rheine,
ein hellrotes Lichtlein zu sein.
Mag sie ihre Leben dort meistern
und trinken den dunkelsten Wein!

Heil dir im Rotkrautkranz
Melodie: „God save the Queen"

Heil dir im Rotkrautkranz,
Retter des Vaterlands,
Kartoffelkloß!
Möge dein güld'ner Schein
an Hirsch und wildem Schwein
uns stete Warnung sein,
Heil dir mein Kloß!

Durch uns're eig'ne Tür
zogen die Heere für
Brandenburgs Ehr'n,
dass sieben lange Jahr'
alles Korn wurde rar,
Erfurt zum Bettelmann,
achtmal geschröpft.

In dieser bitt'ren Not
schützten uns vor dem Tod
Perlen im Dreck.
Von Fürsten angeregt,
dass sie ein jeder pflegt,
statt nur manch' Bauersmann,
viel Dutzend mal.

Damals ward auch entdeckt,
wie man die Klöße streckt
mit Tüftenrieb,
war erst des Todes Gift,
das einen jeden trifft,
der sie speist unbedacht
im Sud gebannt.

Wie in der Folgezeit
du uns stets stand's bereit,
war Hunger Fürst,
erwarbst du jenen Glanz,
die hohe Wonne ganz,
Liebling des Volks zu sein,
Heil dir mein Kloß!

Palaische Gesänge

Wie es wohl dereinst geklungen,
als von schroffem Fels geformt
ihre Laute widerhallten,
dringend aus der Fürstenstadt?

Wessen war das Ruhmesblatt
als die Instrumente schallten
von der Priester Hand genormt?
Wer hat niemals mitgesungen?

Kaum noch klingt es an im Brauch,
was die Menschen einst verbunden,
fast zur Gänze schon entschwunden,
mit dem heißen Opferrauch.

Gebet an Ištanu

Erhöre mich, du hellster Stern, du Hoffnung in der Nacht:
Du hast mein Herz ergriffen, ein Feuer tief entfacht.
Erfreu' die Welt mit deinem Licht zum allerschönsten Morgen -
entledigt aller Lasten, befreit von allen Sorgen.
Dein wundervoller Sonnenglanz errötet alle Tage.
Sinkst du am Abend nieder, lausch', was ich dir sage:
Wenn einst dein Haar zu Silber wird und nicht mehr glänzt wie Gold,
wirst sein, oh edle Göttin, du mir noch immer hold.

Völkerschlacht bei Leipzig

Es standen sich auf Leipzigs Feldern anno eins acht eins und drei
zwei Heere gegenüber, gebannt um das Wort „frei!"

Das Weizenmeer umspielte ouvertürengleich der Pulverdampf.
Er reizte ihre Nüstern, bereitete zum Kampf.

Sie pflanzten auf das Bajonett, wie wild schlug bald ein Knecht auf
                                                                                                                      Knecht
das Wort im Munde führend: „Für jetzt! Für stets! Für's Recht!"

Rasch steigernd sich in Raserei, ward' Freiheitsdrang zu reiner Wut -
die Nase riecht die Leichen, sie nimmt dem Geist den Mut.

Der Geist, geklärt, regiert das Blut, er bringt den wilden Gliedern
                                                                                                                      Schlaf.
Sie fallen auf den Weizen sodatentreu und brav.

Noch einmal sehen sie im Geist, was Frankreich ihnen einst
                                                                                                                      versprach.
Aus Hoffnung wurde Leiden, der Nacht folgte kein Tag.

Doch spricht die alte Fürstenschar nicht auch zum Hohn das
                                                                                                                    Wörtchen „frei"?
Zur Auswahl stand nichts als die Art der Sklaverei.

Trauerklage eines Messeniers

Noch sehe ich wie schemenhaft die Pforte
der Berge, wo mein Herr verschied.
Von Last gedrückt geh' ich zu einem Orte,
da singen sie ein Freudenlied:

Es sei der Kampf der ehernen Spartiaten
ein großes Glück für Griechenland,
dass sie – sieh her, welch' noble Heldentaten! -
dem Heer der Perser hielten stand.

Doch ach! Welch edles Lied der bitt'ren Klage
stimmt meine Seele traurig an:
Von Freiheit reden sie an diesem Tage,
doch bleibt Messenien Untertan.

Wer singen will aus freier Kehle

Wer singen will aus freier Kehle,
der legt die Hand nicht auf die Seele,
sonst trägt ein jeder Ton die Schmerzen,
die drückend ruh'n auf seinem Herzen.

Atheistenlied

Sie sind vereint neu auszuloten
einfältig die Dreifaltigkeit,
doch steht dort nicht, das wär' verboten,
auch noch ein Stuhl für uns bereit.

Der Atheismus zählt Millionen,
und mir tut's leid, wenn es euch stört,
doch muss ich's heut' und hier betonen,
dass er zu Deutschland auch gehört.

Nun heißt's du musst den Frieden lieben,
wenn du um deine Seele bangst,
doch wer nur wird von Gott getrieben,
hat auch vorm Kriege keine Angst.

Deshalb will selber ich auch denken,
weil sich mein Geist nicht zwängen lässt
in ein Buch nur, das manche schenken
als güld'ner Schlüssel zum Arrest.

Der Atheismus zählt Millionen,
und mir tut's leid, wenn es euch stört,
doch muss ich's heut' und hier betonen,
dass er zu Deutschland auch gehört.

Allein ich weiß, ihr tut's im Guten,
wenn nachts ihr betet für uns mit.
Doch sind Gebete uns gleich Ruten
und jedes Wort davon ein Tritt.

Es ist ein Schlag auf uns're Würde,
ihr setzt den Fuß auf uns're Brust,
für jeden Geist die schwerste Bürde,
nehmt ihr am Reden uns die Lust.

Denn nicht so frei wie unter Gleichen
kann einer sprechen, nur verdeckt,
so wie der Arme zu dem Reichen,
wenn ihr euch hinter Gott versteckt.

Der Atheismus zählt Millionen,
und mir tut's leid, wenn es euch stört,
doch muss ich's heut' und hier betonen,
dass er zu Deutschland auch gehört.

Elb- und Oderland

Als Thüringer und Sachsen sich mit Wenden einst verbanden,
in ihrem Wirken fest vereint zu eig'ner Größe fanden,
entstand, was mir die Heimat ist, mein Elb- und Oderland,
bekrönt von weißen Klippen an der weiten Ostsee Strand.

Wo alte Gotteshäuser nur als Denkmal fortbestehen
und Winde feste Dogmen gleich dem schwarzen Rauch verwehen,
wo sich das Land einst selber hat von Gott und Kirch' befreit,
hat sich das Volk mit festem Sinn der Menschlichkeit geweiht.

Ihr Flüsse strömt durch reichen Grund, ein Land von großem Fleiße,
so an der Werra vor der Rhön, so an der Sorben Neiße,
ob hoch am Ryck, ob an der Spree, ob am hellen Saalestrand,
zeugt ihr von Geist und von Verstand im Elb- und Oderland!

Morengedicht

Wie leicht du doch schwebst
allein auf dem Gipfel,
und wie viel du wögest,
klänge ich mit dir,
ein zweites du aus dir erwachsend,
ein halbes Selbst an deiner Hand,
doch du uns immer voran.

Oh Coburg, mein Coburg

Oh Coburg, mein Coburg, willst eilen
du wieder zur Heimat zurück,
erinnerst du dich nicht zuweilen
an unser gemeinsames Glück?

Hat dir nicht der alte Kyffhäuser
den Rückert auf ewig bewahrt,
schuf ihm denn nicht ein Hildburghäuser
die Röte im feurigen Bart?

Mag's sein auch, dass nicht mehr am Kupfer
gefällt sich die Kunststecherei,
so üben wir heute die Tupfer
der Web-, Bit- und Byte-Malerei.

Oh Coburg, mein Coburg, willst eilen
du wieder zur Heimat zurück,
erinnerst du dich nicht zuweilen
an unser gemeinsames Glück?

Musengedicht

Wenn es auch Frauen oft erfreut,
dass Männer für sie dichten,
trotzdem es keine je bereut,
den Geist ihm selbst zu richten,
obwohl sie wissen, dass es Pflicht
der Musen ist zu küssen,
bedenken Frauen oftmals nicht,
dass sie's deshalb auch müssen.

Hinweise

Auf den folgenden Seiten werden Sie einige Hinweise zu ausgewählten Gedichten finden, bei denen ich davon ausgehe, dass sie ohne zusätzliche Erklärungen nur schwer zu verstehen sind oder aber die Gefahr besteht, dass sie falsch verstanden werden. Ich möchte Sie deshalb darum bitten, sich nach den Gedichten auch dieser Hinweise anzunehmen, denn nichts ist leichter zu missbrauchen als ein falsch verstandener Text. Im Übrigen sollte ein Buch immer von vorn bis hinten gelesen werden, weshalb auch alle Seiten hier nummeriert wurden. Gegebenenfalls – also fast nur beim „Reichstag von Rohr" – gebe ich Ihnen noch Literaturhinweise, sollten Sie auf eigene Faust weiter zu den Hintergründen der Gedichte recherchieren wollen.

Gedichte aus Hatti

Zu den Hethitergedichten, also denen über die Nešer, die Bewohner des Landes Hatti, zählen „Tarhunna und Ištanu", „Brief aus Neša", „Der Herr des Eisenthrons", „Versunkene Stadt", „Telipinus Erlass", „Muršili II.", „Eisengedicht", „Palaische Gesänge" und „Gebet an Ištanu"; daneben hat natürlich auch das einleitende „Tarhunna kam zum Sonnenberg" Bezug zu diesem Volk.

Die Bezeichnung Nešer ist von dem Namen der Stadt Neša oder Kaneš, einer der wichtigsten Handelsstädte aus der Frühzeit der hethitischen Geschichte, abgeleitet. Neša war das anatolische Zentrum des Handels mit Mesopotamien, vor allen mit den im nördlichen Zweistromland ansässigen Assyrern. Diesem Umstand verdanken wir heute eine ganz besondere Quellengruppe: Da der Weg von Assyrien nach Neša weit war und die in der anatolischen Stadt ansässigen assyrischen Händler mit ihren Familien nur über Briefe in Kontakt bleiben konnten, haben sich viele Dokumente in Kaneš erhalten, die Einblick in das private Leben der damaligen Zeit geben. An diese Quellengruppe erinnert der „Brief auf Neša".

Die Gedichte „Der Herr des Eisenthrons", „Telipinus Erlass" und „Muršili II." nehmen dagegen auf drei berühmte Herrscher der

Hethiter Bezug. Anitta gilt als der erste bekannte hethitische Großkönig, konnte jedoch keine stabile Herrschaft errichten. Dies gelang erst Jahrhunderte später einem Herrscher namens Hattušili I. Nach dessen Tod kam es jedoch zu jahrzehntelangen Thronwirren, bis schließlich Telepinu Großkönig der Hethiter wurde. Er versuchte, dem politischen System Hattis durch die Verkündung einer neuen Thronfolgeregelung wieder Stabilität zu verleihen; das Gedicht „Telipinus Erlass" ist im groben Zügen dem überlieferten Erlass Telipinus nachempfunden.

Dieser Versuch war jedoch nur bedingt erfolgreich, zu einer wirklichen neuen Blütephase Hattis und der hethitischen Kultur kam es erst nach einigen weiteren Jahrzehnten unter Tudhalija I. und später unter Šuppiluliuma I.

Auf diesen Abschnitt der hethitischen Geschichte nimmt das Gedicht „Muršili II." Bezug, welches von den Pestgebeten dieses Herrschers inspiriert wurde. So erfolgreich Šuppiluliuma I. auch in diplomatischen wie militärischen Bereich war, hatte er den hethitischen Thron doch nur durch einen Putsch gegen seinen Bruder Tudhalija II. besteigen können. Als am Ende der Herrschaftszeit Šuppiluliumas I. eine schwere Seuche, die sogenannte Pest, ausbrach, wurde dies nachträglich als göttliche Strafe an diesem Putsch gedeutet, zumal ihr neben dem Großkönig selbst auch dessen Sohn und Nachfolger Arnuwanda II. zum Opfer fielen.

Infolgedessen wurde mit Muršili II. ein weiterer Sohn Šuppiluliumas I. neuer Herrscher Hattis. Auch ihm gelang es nicht, die Pest zu beenden, doch gerade diese Hilflosigkeit ließ den jungen Herrscher über das Verhältnis zwischen Menschen und Göttern, von Schuld und Bestrafung sowie Verfehlungen seiner eigenen Familie reflektieren. Mit seinen Gedanken wandte er sich an die Götter, und was er zu ihnen betete, ist in den eben schon erwähnten Pestgebeten aufgezeichnet und überliefert worden. Muršili II. wurde jedoch nicht nur durch diese Überlegungen zur vermutlich interessantesten Figur der hethitischen Geschichte, sondern auch dadurch, dass er in den überlieferten Texten mehr als jeder andere Großkönig Hattis auf persönliche „Fehler" – wie dem im Gedicht erwähnten Sprachfehler –

einging.

Das Gedicht „Versunkene Stadt" könnte zwar für jeden versunkenen Ort stehen, hat aber tatsächlich die hethitische Hauptstadt Hattuša zum Vorbild. Wenn Sie das verwundert, dann freut es mich, denn dann haben Sie nicht vergessen, dass die Hethiter sich eigentlich nach dem Ort Neša benannt hatten. Tatsächlich hatte ihr erster bekannter Großkönig, Anitta, – wie in „Der Herr des Eisenthrons" erwähnt – die Stadt Hattuša auch besiegt und zerstören lassen. Hattuša wurde so auch erst unter Hattušili I. zur hethitischen Hauptstadt, die Gründe dafür sind unbekannt. Das Gedicht „Versunkene Stadt" bezieht sich dabei aber nicht auf die Zerstörung durch Anitta, sondern beinhaltet allgemeine Überlegung zu dem Zustand der Stadt vor ihrer Wiederentdeckung im 19. Jahrhundert.

Beschäftigt man sich mit der hethitischen Geschichte, so ist immer zu bedenken, dass diese in der Bronzezeit spielt; Eisen war damals ein nur sehr selten benutzter Rohstoff, die Hethiter jedoch führend in der Eisenproduktion und -verarbeitung. Auf die hohe Stellung der Eisens spielt das Eisengedicht an. Der darin enthaltene Ausdruck „es ist die beste Zeit" verweist auf ein berühmtes Schreiben des hethitischen Großkönigs Hattusilis III., einem Sohn Muršilis II., an den ägyptischen Pharao. Dieser hatte um die Lieferung von Eisen gebeten, was jedoch abgeschlagen wurde mit der Begründung, dass dafür nicht die rechte Zeit sei. Welche Bedeutung der Besitz von Eisen und dessen Verarbeitung schon in althethitischer Zeit hatte, wurde in „Der Herr des Eisenthrons" dargelegt. Die Existenz eines ehernen Thrones und Zepters wie auch die dort erwähnten Ereignisse sind im sogenannten Anittatext überliefert.

Die „Palaischen Gesänge" nehmen Bezug auf eine dem Hethitischen verwandte Sprache, das Palaische, welches jedoch nur in sehr wenigen Quellen aus der hethitischen Frühzeit überliefert ist; es wird angenommen, dass dieses Idiom kurz nach Aufzeichnung der ältesten überlieferten Schriftzeugnisse Anatoliens ausgestorben ist.

Bleibt noch, ein Wort über das Gedicht „Tarhunna und Ištanu" zu verlieren, auch wenn dieses bereits am Anfang des Bändchens zur Klärung der Frage, wer denn Tarhunna und Ištanu sind, herangezogen wurde. Was noch konkret angesprochen werden soll ist die Anzahl der hethitischen Götter. Sie war im Laufe der Geschichte tatsächlich unzählbar geworden und wurde pauschal mit 1000 angegeben, was den Hethitern die Bezeichnung „Volk der tausend Götter" einbrachte. Innerhalb dieser Göttermasse nahmen jedoch Ištanu, die Sonnengöttin von Arinna, und Tarhunna, der Wettergott des Himmels und Ištanus Gatte, eine hervorgehobene Stellung ein. Eine Begründung dafür ist nicht überliefert, die hier vorgestellte Variante ist vollkommen unwissenschaftlich und beruht einzig auf der Überlegung, dass Wettergötter in der Regel Unwettergötter sind. Es ist folglich ziemlich praktisch, Unwetter und Sonne zu den höchsten Göttern zu erklären, da es tagsüber immer entweder Unwetter, drohendes Unwetter oder Sonnenschein gibt und nachts kann es immerhin zu Unwettern kommen. Außer in einer unwetterarmen, sternenklaren Nacht ist einer dieser beiden Götter also stets anwesend, um im Notfall direkt um Hilfe angerufen zu werden. Ich betone aber noch einmal, dass diese Überlegungen durch keinerlei Quellen gestützt werden. Der Verweis auf die Brote beruht darauf, dass die Hethiter neben einer Unzahl an Göttern tatsächlich auch eine Unmenge an verschiedenen Mehlspeisen und Brotsorten besaßen.

Als Einstieg in die hethitische Kultur und Geschichte sei empfohlen: KLINGER, Jörg: Die Hethiter, München 2007.

In Thüringen muss mehr noch sein!

Mehr ist dazu eigentlich nicht zu sagen. Zweifelsohne ist es wichtig, auf die Leistungen Goethes und Schillers zu verweisen. Aber man sollte Thüringen nicht darauf reduzieren und sich – sofern man die beiden nicht ausstehen kann – von Goethe und Schiller nicht abhalten lassen, das grüne Herz zu besuchen. Vielleicht ist es auch ein Hinweis darauf, dass man in der Provinz zuweilen mehr Quellen zur Inspiration finden kann als in einer Metropole? Oder zumindest einige, die dort völlig unbekannt sind.

Der Reichstag zu Rohr

Hierzu muss ich etwas ausholen, damit keine falschen Mythen entstehen: Die Geschichte beginnt in den 930ern. Der ostfränkisch-deutsche König Heinrich I. starb im Jahre 936 und hinterließ mehrere Söhne, von denen nur einer sein Nachfolger werden konnte; die Wahl fiel auf Otto I. Dies wurde von dessen Brüdern freilich nicht anerkannt, die Folge waren jahrelange Aufstände gegen den neuen Herrscher. Von Bedeutung blieb dabei aber nur ein Gegner Ottos I., nämlich der älteste Sohn Heinrichs I., der ebenfalls Heinrich hieß. Er einigte sich schließlich mit Otto I. und wurde mit dem Herzogtum Baiern abgefunden.

Der Kampf um die Krone flackerte jedoch erneut auf, als 973 Otto I. starb und sein Sohn Otto II. den ostfränkisch-deutschen Königsthrons bestieg. In Baiern herrschte damals Heinrich II., Sohn des 936 übergangenen Heinrichs und später mit dem Beinamen „der Zänker" versehen. Er wandte sich gegen Otto II., verlor aber den Kampf, daraufhin sein bairisches Herzogtum und wurde inhaftiert.

Dabei hätte es bleiben können, wäre nicht Otto II. bereits 983 gestorben. Der König und Kaiser hinterließ eine Mutter – Kaiserin Adelheid –, eine Gemahlin – Kaiserin Theophanu – und einen Sohn, den dreijährigen Otto III. In dieser Situation wurde Heinrich II. freigelassen und ihm als dem nächsten lebenden männlichen Verwandten der blutjunge König anvertraut. Heinrich II. ergriff die Gelegenheit beim Schopfe, ging nach Baiern und ließ sich hier erneut zum Herzog erheben. Sodann versuchte er, selbst König zu werden, doch während ihm die Baiern folgten, hielt der Rest des Adels zu den beiden Kaiserinnen und damit an der Legitimität der Herrschaft Ottos III. fest.

Im Grunde hätte Heinrich II. das Problem auf die übliche Art und Weise, also durch einen Lynchmord-„Unfall" an dem königlichen Knaben, lösen können. Stattdessen kam es 984 zu einer großen Familienzusammenkunft in Thüringen, nämlich im bei Meiningen gelegenen Ort Rohr. Dort übergab Heinrich II. den beiden Kaiserinnen Otto III. und erhielt, gegen die Zusage ewiger Treue von Seiten des Baiern, sein Herzogtum auch offiziell zurück.

Das war nun nicht der Moment, in dem der deutsche Föderalismus entstanden ist; seine Entwicklung, seine steten Neuauflagen und seine immer neue Austarierung reichen ja bis in die Gegenwart, umgekehrt hatte schon Heinrich I. seine Königsherrschaft auf einem Konsens mit den anderen Herzögen aufgebaut, wobei auch er insbesondere auf die Interessen Baierns Rücksicht nehmen musste. Die Ereignisse von 983/84 und der nachfolgende Reichstag von Rohr können jedoch als Probe auf's Exempel des föderalen Prinzips betrachtet werden. Auf der einen Seite war es Heinrich II., obwohl er ein ganzes Stammesherzogtum hinter sich hatte und einer Nebenlinie der Königsdynastie angehörte, nicht mehr möglich, gegen den gewählten König selbst die zentrale Herrschaft an sich zu reißen. Umgekehrt – und das ist vielleicht das Bedeutendere – wagten es aber auch Adelheid und Theophanu nicht, den Baiern, die hinter ihrem Zänker standen, einen anderen Herzog als Heinrich II. vorzusetzen, obwohl dieser sich schon zum zweiten Mal gegen das Königtum der ottonischen Linie aufgelehnt hatte. Damit war in einer Krisensituation ein Patt erreicht, bei dem weder das Königtum einen Herzog noch ein Herzog die Inhaber des Königtums endgültig besiegen konnte.

Zur genauen Ausgestaltung des Liedes „Der Reichstag zu Rohr" wurde das lateinisch-althochdeutsche Gedicht „De Heinrico" herangezogen. Angesichts der – wie Ihnen bereits aufgefallen sein wird – vielen damals herrschenden Ottos und Heinriche ist es zwar unsicher, worauf sich das Gedicht bezieht; jedoch besteht die Möglichkeit, dass die Ergebnisse des Rohrer Reichstags dort behandelt werden. Jedenfalls erschien es mir, dass „De Heinrico" den Zustand nach 984 sehr treffend beschreibt.

Wer sich näher mit den historischen Hintergrund des „Reichstags zu Rohr" beschäftigen möchte, sei vor allem auf Arbeiten über die Geschichte Baierns im 10. Jahrhundert verwiesen wie Schieffer, Rudolf: Ottonen und Salier in Bayern – Das Herzogtum zwischen Königsnähe und Königsferne, in: Schmid, Alois; Weigand, Katharina (Hrsg.): Die Herrscher Bayerns – 25 historische Portraits von Tassilo III. bis Ludwig III., München 2001, S. 58-69 oder KRAUS, Andreas: Grundzüge der Geschichte Bayerns, 2., durchges. und erw. Aufl., Darmstadt 1992 sowie WEINFURTER, Stefan: Heinrich II. (1002-1024) – Herrscher am Ende der Zeiten, 3., verb. Aufl., Regensburg 2002. Speziell zu De Heinrico, auf dem das Lied ja wesentlich basiert und wozu Hinweise sonst schwer zu finden wären, ist zu verweisen auf DITTRICH, Marie-Luise: De Heinrico, in: ZfdA 84 (1952/53), S. 274-308, FRIED, Johannes: Mündlichkeit, Erinnerung und Herrschaft – Zugleich zum Modus 'De Heinrico', in: CANNING, Joseph; OEXLE, Otto Gerhard (Hrsg.): Politisches Denken und die Wirklichkeit der Macht im Mittelalter, Göttingen 1998 und Herweg, Mathias: Ludwigslied, De Heinrico, Annolied – Die deutschen Zeitdichtungen des frühen Mittelalters im Spiegel ihrer wissenschaftlichen Rezeption und Erforschung (= Imagines Medii Aevi – Interdisziplinäre Beiträge zur Mittelalterforschung, Bd. 13), Wiesbaden 2002. Sie können den „Reichstag zu Rohr" natürlich auch einfach so genießen.

Die Wahl der Musik bedarf im Übrigen keiner Interpretation. Es war reiner Zufall, dass ich auf die Töne von „Prinz Eugen, der edle Ritter" den Reichstag zu Rohr dichten konnte, nachdem vorangehende Versuche ohne Melodie gescheitert waren.

Von Sömmerda bis Greiz – patriotische Gedichte

Ich lasse mir an dieser Stelle gerne den Vorwurf machen, dass Lieder wie der Vorschlag für eine Sömmerdaer Stadthymne zu kitschig, solche Gedichte wie das über Greiz dagegen rufschädigend sein könnten. Ich lasse ihn mir gefallen, weil ich nicht ausschließen kann, dass er stimmt. Wenn ich dennoch „patriotische" Gedichte hier veröffentliche, dann nicht, um dumpfe Heimatliebe zu wecken oder ein Land als das beste der Welt zu verherrlichen. Ein Patriotismus sollte ohnehin nie vergleichen. Wenn er es tut, steigert er sich in in Ideal- und Perfektionismus, versucht, sein Land in allem zum besten zu machen, ohne dieses Ideal je erreichen zu können. In sich ruhende Patriotismen erscheinen zwar arroganter, richten auf Dauer aber erfahrungsgemäß weniger Schaden an.

Wenn ich dennoch patriotische Gedichte veröffentliche, dann deshalb, weil sie aus meiner Sicht zumindest eine von vier Funktionen erfüllen sollen, die alle dem beschriebenen Land und damit auch hoffentlich den Einwohnern nützlich sind: Sie können zum Einen nach außen für ein Land werben und so Touristen oder Investoren anziehen; der Tourismus ist bekanntlich ein endlicher Kuchen, von dem es möglichst große Stücken zu ergattern gilt. Zum Anderen können solche Gedichte einfach nur belehren, indem sie historische oder geographische Begebenheiten beschreiben und es so erleichtern, sich diese zu merken. Zum Dritten können sie Probleme ansprechen, wie dies auch im Falle des Greizer Gedichtes geschieht; sie müssen aber immer dem Betroffenen die Meinung geben, dass sich die Verhältnisse ändern lassen, daher die letzten beiden Verse „Doch bleibt Hoffnung, dass im Stillen/Greiz sich wieder neu gebiert." Und schließlich ist diese Meinung schon die vierte Funktion selbst: Nur wer glaubt, in einem Land etwas werden zu können, wird dies auch wagen, ansonsten aber abwandern oder sich der Lethargie hingeben. Wozu patriotische Gedichte hingegen nicht dienen, ist, alles Fremde grundsätzlich abzuwerten und zu verbannen (Daher auch in der Sömmerdaer Stadthymne: „öffnen deine Tore, gründend alten Bund,/sich zum Heimatlande und dem Erdenrund."); ich verbiete daher die Verwendung meiner Gedichte auch hiermit, wenn sie in diesem Sinne missbraucht werden sollen.

Mariša – nach einer Geschichte aus dem Kaiserreich

Die Vorlage zu „Mariša" ist eine gleichnamige Kurzgeschichte von Karl Landsteiner. Sie wurde veröffentlicht im sechsten Band der „Novellen-Bibliothek – Sammlung ausgewählter Erzählungen" der Illustrirten Zeitung, erschienen zu Leipzig ohne Angabe des Jahres, S. 155-172. Da Antiquare, sofern sie eine Jahreszahl angeben, Bände der Novellen-Bibliothek jedoch auf die letzten anderthalb Jahrzehnte des 19. Jahrhunderts datieren, ist wohl von einem Erscheinen in den 1890er Jahren auszugehen. Mariša ist in der Erzählung Landsteiners eine junge Slowakin und deren Protagonistin. Das eigentliche Thema der originalen Geschichte ist die unüberbrückbare Distanz zwischen den Großgrund- und Fabrikbesitzern und ihren slowakischen Saisonarbeitern, obwohl Mariša und der Erbe der Fabrik, der zumindest leidlich Tschechisch spricht, Sympathien füreinander hegen. Dem vorliegenden Gedicht liegen jedoch nur die ersten zwei Seiten zugrunde, in denen die Fahrt der Slowaken auf ihr Gut geschildert wird und die aus heutiger Sicht von besonderem Interesse sind.

Germania

Muss ich dazu etwas sagen? Nun ja, ich kann Ihnen ja erzählen, wie ich zu diesem Gedicht inspiriert worden bin.

Die entscheidende Anregung verdanke verdanke ich einem Polenbesuch, genauer einem Aufenthalt im Województwo Warmia-Mazury (Wer sich dort nicht auskennt: Das ist das südliche Ostpreußen.), genauer in Hitler Wolfsschanze. Die ganze Veranstaltung war zunächst ziemlich bedrückt, wie man das halt gewohnt ist, bis wir einen Hinweis von unserem Fremdenbegleiter (Fremdenführer wollte er sich an diesem Ort nicht nennen.) erhielten: Wir sollten uns nicht nur die Ruinen, sondern auch die Schönheit der Johannesburger Heide (Er benutzte die deutsche Bezeichnung.) ansehen.

Diese Aussage war für mich wie ein Befreiungsschlag. Ging ich vorher durch einen Ort, an dem mich die dicksten Betonwände zu erdrücken schienen, so sah ich plötzlich den Wald dazwischen, das grüne Leben der Bäume und Sträucher, und die eben noch bedrückenden Wände wurden zu verfallenden, im Grunde besiegten Ruinen, der Ort verströmte plötzlich die beruhigende Sicherheit, dass mit dem Laufe der Zeit auch diese immer weiter ver- und zerfallen werden.

Doch es war nicht nur einfach der Sieg der Natur über die Ruinen Hitlers, der hier betrachtet werden konnte. An die bereits schräg stehenden Betonwände waren unzählige dürre Zweige gelehnt. Wie uns der Fremdenbegleiter erklärte, dienten diese Stöckchen nicht zur Stützte der Mauern – was, bei Lichte betrachtet, an gesichts von deren Gewicht auch eine völlig sinnlose Maßnahme gewesen wäre –, sondern waren einfach nur eine Spielerei. Tatsächlich war es jedoch mehr als eine Spielerei, es war der blanke Hohn der Nachgeborenen, die reinste Verhöhnung der drückenden Macht, die diese Wände ausstrahlten, und die an diesem Hohn zerbrechend sich im Nichts auflöste.

Das Ergebnis dieses Besuchs ist das Gedicht „Germania".

Heil dir im Rotkrautkranz

Was ist dieses Lied eigentlich? Ist es der international-hymnische Ausflug eines thüringischen Bratwurstdichters in die Welt des Kloßgenres? Ist es eine Parodie auf „Heil dir im Siegerkranz"? Oder ist es ein ernstes Loblied auf den Kloß, auf die wahren Helden im Krieg, die nämlich, welche die Menschen vor dem Verhungern bewahren? Ist es lediglich der Beweis, wie einfach man in ein schlichtes Merk- und Lehrgedicht einen höheren Sinn interpretieren kann?

Ich muss Ihnen die Antwort leider schuldig bleiben. Zwar hoffe ich, die erste Möglichkeit ausschließen zu können; ob es sich bei „Heil dir im Rotkrautkranz" nun aber mehr um eine Parodie oder ein Loblied handelt, das weis ich selber nicht.

Eines kann ich Ihnen aber mit Sicherheit verraten: Es handelt sich hierbei um ein Lehrgedicht. Beschrieben wird im Grunde nichts weiter als die Einführung der Kartoffel während der katastrophalen Nöte des Siebenjährigen Krieges, insbesondere in Thüringen, und wie in dieser Zeit beginnend der Kartoffelkloß entwickelt wurde; Grundlage bildet der Artikel „Die Geschichte der Kartoffel und des Kloßes in Thüringen, insbesondere im Herzogtum Sachsen-Weimar" von Sylk Schneider, erschienen in Braune, Gudrun; Fauer, Peter (Hrsg., im Auftrag der Volkskundlichen Kommission für Thüringen): Von Brotbänken, Erdäpfeln und Brauhäusern – Beiträge zur Geschichte der Ernährungskultur (= Thüringer Hefte für Volkskunde, Bd. 13), Erfurt 2006, S. 82-94. Wenn Sie darüber hinaus etwas in diesen Text hineinlesen, dann freut mich das sehr, doch was Sie hineinlesen, ist Ihre Sache.

Elb- und Oderland

Das Gedicht ist eigentlich ein Lied, aber eines, zu dem ich keine Melodie finden konnte außer denen, die ich dazu selbst im Kopf höre. Im Übrigen wird die Idee der Germania Slavica, begrenzt auf die bis heute deutschen Gebiete (also unter Ausschluss der Slavia Germanica), Bezug genommen. Die letzten beiden Verse der zweiten Strophe sind in jedem Fall auch ein Hinweis gegen einige (nicht alle) Kirchenvertreter, Atheismus nicht mit Unmenschlichkeit und Assozialität gleichzusetzen.

Morengedicht

Ich nehme an, dass Sie dieses Gedicht entweder nicht oder falsch verstanden haben, aber das macht nichts; es ist tatsächlich nämlich ein linguistisches Merkgedicht. Die More (lat. Mora) ist in diesem Fall das Ende einer Silbe, welches über ihr Gewicht bestimmt; dies ist insbesondere für Lateinlernende wichtig. Damit Sie das Gedicht verstehen, hier eine Erklärung: Silben werden sprachwissenschaftlichen aufgegliedert in Onset, Silbengipfel und Offset. Kurz gesagt, bildet der Vokal (eigentlich der Laut mit der höchsten Sonorität, aber das ist meistens der Vokal) einer Silbe den Silbengipfel. Alles, was vor dem Vokal steht, heißt On-, alles, was ihm folgt, Offset. Beim Wörtchen „hat" bildet h- beispielsweise den Onset, -a- den Silbengipfel und -t den Offset.

    Die More umfasst nun nur den Silbengipfel und den Offset einer Silbe, in unserem Falle also -at. Dabei gelten solche Silben als leicht, der More nur aus einem Kurzvokal bestehen („Wie <u>leicht</u> du dich schwebst/<u>allein</u> auf dem <u>Gipfel</u>"). Als schwer gelten Silben, wenn dem Silbengipfel ein Konsonant folgt („und wie viel du wögest,/<u>klänge</u> ich <u>mit</u> dir; Konsonant kommt von con-sonare, „mitklingen, mit-lauten", daher „Mitlaut"), der Silbengipfel aus einem Langvokal besteht („ein zweites du aus dir erwachsend", normale Langvokale zählten als zwei Kurzvokale) oder aber ein Diphthong vorliegt (z.B. au, eu; „ein <u>halbes Selbst</u> an deiner Hand"; Diphthonge werden gebildet aus einem Vokal und einem Halbvokal). Wichtig ist hierbei, wie gesagt, dass bei der Bestimmung der More nur Silbengipfel und Offset von Bedeutung sind („doch du uns <u>immer voran</u>"; gemeint ist der Kurzvokal des ersten Verses).

Oh Coburg, mein Coburg

Das Gedicht bedeutet nicht, dass Stadt und Land Coburg sich unbedingt wieder Thüringen anschließen sollen. Es verweist aber auf die thüringische Vergangenheit Coburgs. Friedrich Rückert war ein eigentlich aus Schweinfurt stammender Dichter, der jedoch nach Coburg zog. Das heute bekannteste Gedicht von ihm dürfte „Der alte Barbarossa" sein, in dem er dem im nordthüringischen Kyffhäuser ruhenden Friedrich I. Barbarossa besingt. „die Röte im feurigen Bart" spielt auf die Zeile „Sein Bart ist nicht von Flachse/er ist von Feuersglut" an. Die Röte ist zugleich ein Verweis auf das Kupfer; Rückert war mit dem Kupferstecher Heinrich Barth aus Hildburghausen eng befreundet.

Die dritte Strophe des Gedichts „Oh Coburg, mein Coburg" schlägt den Bogen zur Gegenwart. Die illustratorischen Aufgaben, die seinerzeit den Kupferstechern zukamen, werden heute am Computer von (Web-)Designern übernommen. Wer mag, kann die „Tupfer" als Zeichen und Ansporn dafür deuten, dass diese „Web-, Bit- und Byte-Malerei" noch am Anfang steht oder doch wenigstens noch künstlerisch ausbaufähig ist. Alternativ darf man auch annehmen, dass es in der deutschen Sprache nur eine ganz äußerst beschränkte Anzahl an Worten gibt, die sich auf „Kupfer" reimen... Theoretisch wäre es natürlich auch möglich gewesen, von Zeichnerei statt Malerei zu sprechen, doch hätte dem Ausdruck dann die nutzbare Farbgewalt gefehlt.

Vielleicht schafft es ja der ein oder andere Coburger, seinen Weg nach Thüringen zu finden – wieso nicht wieder in der kreativen Kombination des Tandems Rückert/Barth?